Nuestro planeta en peligro
LAS SELVAS TROPICALES

Cornelia F. Mutel

y

Mary M. Rodgers

Traducido del inglés por Isabel Guerra

LERNER PUBLICATIONS COMPANY • MINNEAPOLIS

Las palabras en **negrilla** aparacen en el glosario que comienza
en la página 60.

LIBRARY OF CONGRESS CATALOGING-IN-PUBLICATION DATA

Mutel, Cornelia Fleischer.
    [Our endangered planet. Tropical rain forests. Spanish]
    Nuestro planeta en peligro. Las selvas tropicales /
Cornelia F. Mutel y Mary M. Rodgers.
      p. cm.
    Includes index.
    Summary: Studies the ecology of tropical rain forests, or jungles,
and the vital role of their water, air, plant, and animal resources
in preserving the global environmental balance. Also describes how
easily man's activities can endanger or upset this fragile
environment.
    ISBN 0-8225-2005-2 (lib. bdg.)
    1. Rain forest ecology—Juvenile literature. 2. Rain forests—
Juvenile literature. 3. Rain forest conservation—Tropics—
Juvenile literature.   4. Deforestation—Tropics—Juvenile
literature. [1. Rain forests. 2. Rain forest ecology.
3. Ecology. 4. Spanish language materials.] I. Rodgers, Mary M.
(Mary Madeline), 1954-. II. Title.
QH541.2.R27M8718 1994
333.75'0913—dc20
                            93–1528
                               CIP
                               AC

Fabricado en los Estados Unidos de América
1 2 3 4 5 6 – I/JR – 99 98 97 96 95 94

*Portada: Las llamas arrasan una selva
tropical en Brasil, América del Sur. Contra portada: (Izquierda) Un trabajador
toma notas sobre una carga de madera
tropical cortada en una selva del sudeste
de México. (Derecha) Esta rana arbórea de
ojos rojos se agarra a una rama de follaje
en una selva de América Central.*

Papel reciclado

**Este producto está elaborado en un 50 por
ciento con papel reciclado, 10 por ciento del
cual proviene de papel que ha sido utilizado
y reciclado anteriormente.**

Reciclable

CONTENIDO

INTRODUCCIÓN
NUESTRO PLANETA EN PELIGRO / 5

CAPÍTULO UNO
¡ ESO ES UNA SELVA ! / 7

CAPÍTULO DOS
EL FILÓN DE LA TIERRA / 17

CAPÍTULO TRES
LA DESTRUCCIÓN DE NUESTRAS SELVAS TROPICALES / 25

CAPÍTULO CUATRO
LAS SELVAS TROPICALES EN EL MUNDO / 37

CAPÍTULO CINCO
ESFUERZOS MUNDIALES DE CONSERVACIÓN / 47

CAPÍTULO SEIS
LA CONSERVACION DE LAS SELVAS / 55

ORGANIZACIONES / 59

GLOSARIO / 60

ÍNDICE DE PALABRAS / 63

Nuestro planeta en peligro

de los sesenta, los astronautas via-
nera vez más allá de la atmósfera
la tierra donde pudieron ver
desde lejos. Lo que vieron fue
oso, girando lentamente en el
gen nos recuerda que nuestro
ites, pues no conocemos otro
sustentar la vida humana.
artes de nuestro ambiente
el aire, el agua, el suelo, las
ales—todos participan para
laneta un buen lugar para
en peligro uno de estos
también se ven afectados

entero trabaja para pro-
ambiente de la tierra.
era de crear un futuro
tierra nuestra aliada y
esto que tenemos un
artir, su salud y su
escindibles para que

Las selvas tropicales cubren solamente una parte muy pequeña de la tierra, pero realizan muchas tareas complejas que afectan al resto del planeta. Por ejemplo, las selvas reciclan el agua de lluvia y son el hogar natural de numerosas clases de animales y plantas.

En el siglo veinte, se han talado muchas selvas para crear tierras de cultivo. Estamos empezando a comprender los efectos de esta explotación forestal de grandes proporciones. Ciertos tipos de plantas y animales son aniquilados cuando desaparecen sus hogares naturales. Algunos científicos creen que el aumento de las temperaturas del mundo puede ser causado parcialmente por la desaparición de las selvas.

Las selvas no se pueden reponer fácilmente. No podemos plantarlas de nuevo, y tardan mucho tiempo en crecer nuevamente de forma natural. Al comprender la manera en que las selvas mantienen el bienestar de nuestro planeta, podemos llegar a ser unos activistas enérgicos para protegerlas.

CAPÍTULO UNO

¡ ESO ES UNA SELVA !

A mitad de camino entre el Polo Norte y el Polo Sur, hay unas regiones calientes y húmedas que rodean la tierra como un cinturón ancho. Los geógrafos llaman a este cinturón los **trópicos.** Aquí la lluvia es abundante, el calor es constante, y las **selvas tropicales** dominan el paisaje.

Aunque sólo cubren aproximadamente un 6 por ciento de la superficie sólida de la tierra, las selvas tropicales contienen más de la mitad de las **especies,** o clases, de seres vivientes. Unas pocas hectáreas de selva en la cuenca del río Amazonas, que se extiende a lo largo de la mayor parte de América del Sur, contienen más especies de plantas que toda Europa.

(Izquierda) En muchas partes de la selva, llega muy poca luz del sol al suelo. Una persona que levante los ojos desde el suelo verá solamente la bóveda, una cubierta verde y frondosa que deja pasar haces estrechos de luz.

Debido a factores como el clima cálido y húmedo, las plantas de las selvas crecen muy rápidamente. Las hojas de algunas especies son lo bastante grandes—como para cubrir a un ser humano adulto.

EN EL INTERIOR DE UNA SELVA

La gran variedad de vida puede no resultar obvia a una persona que camina por la selva. El suelo de la selva es oscuro, silencioso, y sin obstáculos. La actividad en la selva tiene lugar muy por encima del suelo, en la **bóveda**—la cubierta curvada formada por la cima de los árboles. Este techo viviente es el hogar natural de dos tercios de las plantas y animales de la selva. Aquí juegan los monos, parlotean los pájaros, y florecen las flores.

La bóveda es tan espesa que bloquea la luz del sol de la parte más baja de la selva. Como resultado de esto, las plantas de la selva han encontrado muchas maneras de alcanzar la luz

7

del sol que necesitan para sobrevivir. Los
árboles generalmente crecen hasta medir 100
pies (31 metros) de alto, y algunas especies
gigantes pueden alcanzar hasta los 160 pies (49
metros) de altura. Esos árboles altísimos sólo
echan ramas cerca de la cima y no en su base,
donde sus hojas no recibirían la luz del sol.

Hay **lianas** (enredaderas trepadoras) que se
enroscan alrededor de los árboles y suben muy
alto antes de echar tallos y hojas que unen las
cimas de los árboles creando una maraña

*Una liana (izquierda) echa tallos fuertes que parecen
dedos y que se agarran a un árbol de una selva en el
sudeste de Asia. Las plantas colgantes epifitas (arriba)
no echan sus raíces en el suelo. Sino que se adhieren
a un tronco huésped sin dañarlo.*

Los pétalos rojos moteados de la flor rafflesia pueden crecer hasta alcanzar una pulgada (2.5 centímetros) de espesor. Una flor madura pesa hasta 15 libras (6.8 kilos). Las plantas son originarias de Indonesia, en el sudeste de Asia.

tupida de follaje. Algunas plantas más pequeñas, llamada **epifitas,** cuelgan de las ramas más altas de los árboles, obteniendo su alimento del polvo, del agua que gotea y de los restos de otros animales, y plantas que hay por alrededor.

Las selvas contienen más animales que cualquier parque zoológico. Hay insectos y aves por todas partes. Las selvas frondosas son el hogar natural de muchos **primates** (un grupo de mamíferos que incluye a los humanos, a los monos, y a los lémures). Algunos animales se disfrazan tomando la apariencia de otro objeto de la selva. Por ejemplo, un saltamontes puede tener el color del tronco de un árbol. Otros seres de la selva son brillantes y llamativos o excesivamente grandes. La flor rafflesia, por ejemplo, puede crecer hasta tres pies (un metro aproximadamente) de ancho.

Los animales y las plantas de la selva trabajan juntos de una manera muy específica y compleja. Algunas acacias, por ejemplo, proporcionan un hogar y alimento para las hormigas, que a su vez aguijonean a otros insectos que podrían comerse las hojas de las acacias. Puesto que ciertas plantas y animales dependen con frecuencia unos de otros para su supervivencia, la desaparición de una especie puede suponer la desaparición de muchas otras.

A pesar de la gran variedad de plantas, casi todas las selvas tienen un suelo muy viejo de baja calidad que no puede resistir el cultivo de cosechas a largo plazo. Los minerales del suelo, llamados **elementos nutritivos,** se almacenan también en las plantas mismas y ayudan a la selva tropical a medrar. Las plantas y los animales que mueren, se descomponen muy rápidamente. A medida que se pudren, desprenden elementos nutritivos que van de nuevo al suelo y que sirven para alimentar así a otros seres vivos.

EL CINTURÓN VERDE DE LA TIERRA

No todas las selvas son iguales. Las **selvas siempre verdes de las tierras bajas** prosperan en lugares donde el clima no cambia nunca. Sin un período fresco o seco que retarde el crecimiento de las plantas, estas selvas están siempre verdes, húmedas, creciendo, y activas. Las selvas siempre verdes de las tierras bajas son las más grandes, variadas, y frondosas de todos las selvas. Estas contienen el mayor número de especies diferentes.

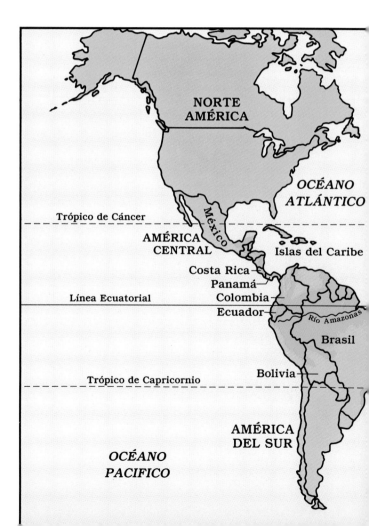

Los **bosques nubosos,** que son más frescos que las selvas de las tierras bajas, crecen en las laderas de las montañas. Una bruma en forma de nubes flota durante todo el día entre estas selvas extremadamente húmedas.

Musgos, helechos, y epifitos colorean de un verde brillante los árboles que gotean constantemente.

Las **selvas estacionales** crecen en zonas tropicales donde la estación seca interrumpe

SELVAS TROPICALES DEL MUNDO

Una vista aérea de la selva siempre verde de las tierras bajas de Indonesia (izquierda) muestra una bóveda casi continua. La luz del sol (abajo) llega a las plantas que viven a nivel de suelo en esta jungla de Costa Rica, una nación pequeña de América Central.

por lo general el clima caluroso y húmedo. Este cambio retarda el crecimiento de las plantas y la actividad del bosque. Las selvas estacionales no tienen tantas especies distintas como las selvas siempre verdes.

Cuando la luz del sol llega al suelo de la selva, las plantas y los árboles jóvenes y más pequeños medran, formando una masa enmarañada y tupida de vegetación, denominada a veces **jungla.** Las junglas se encuentran en los bordes de las selvas, a lo largo

Un talador posa entre montones de madera tropical cortada en una selva tropical de América Central.

Los plátanos, las guayavas, las naranjas, las papayas, y los mangos son frutas tropicales populares.

DETALLES SOBRE LAS SELVAS TROPICALES

Las selvas tropicales reciben al menos 80 pulgadas (203 centímetros) y hasta 320 pulgadas (813 centímetros) de lluvia al año.

La desaparición de las selvas hace que muchas especies de plantas y animales desaparezcan para siempre diariamente.

Muchas de las medicinas utilizadas en los Estados Unidos provinieron de plantas o animales de las selvas.

Las selvas tropicales sustentan más clases de plantas y animales que ninguna otra comunidad natural.

El tarsero, que vive en las selvas de Asia, es el mono más pequeño del mundo.

Japón, los Estados Unidos, y Europa Occidental importan la mayor parte de las maderas duras tropicales. Las maderas que importa Japón vienen del Asia Sud Oriental. Los Estados Unidos importa maderas principalmente de Brasil, y Europa las importa de África Occidental.

Los alimentos y especias que se originaron en las selvas tropicales incluyen plátanos, naranjas, pimentón, pimienta negra, canela, y tomates.

En Rwanda, África Central, una hembra de gorila de las montañas llamada Liz, descansa al sol tropical. Los gorilas viven exclusivamente en las selvas de África, donde sus únicos enemigos son las personas que los cazan, los capturan, o destruyen su hogar natural.

de los ríos, y en lugares dentro de una selva donde han caído los árboles. Las junglas también crecen allí donde se han talado los bosques. Con el tiempo, si no se las molesta, estas junglas podrían convertirse en nuevas selvas tropicales.

UN ALMACÉN SINGULAR

Aunque las selvas del mundo pueden parecer iguales, contienen distintos tipos de plantas y animales. Más que ninguna otra comunidad viviente, las selvas cuentan con un gran porcentaje de **especies endémicas**—plantas o animales que se encuentran en una sola región.

Por ejemplo, la juvia crece solamente en la cuenca del Amazonas. Los gorilas se encuentran sólo en África Central. Los árboles gigantes llamados **dipterocarpos** dominan las selvas del Asia Sud Oriental. La mayoría de los primates y plantas floridas de Madagascar (una isla de la costa este de África) no existen en ningún otro lugar de la tierra.

Puesto que viven en zonas específicas, las especies endémicas pueden extinguirse fácilmente, es decir, desaparecer por completo. Si destruimos el único lugar de nuestro planeta donde viven estas especies, desaparecerán para siempre.

Varios pueblos que habitan las selvas se ven también amenazados por la destrucción de los bosques. Estos grupos dependen de las plantas y animales tropicales para conseguir su alimento, energía, materiales de construcción, y medicinas. Estos pueblos han encontrado maneras de vivir en las selvas sin perjudicarlas. A lo largo de muchos siglos, se han convertido en una parte de la comunidad natural de las selvas.

Durante siglos, las selvas del mundo han alojado a pueblos que forman parte de la comunidad natural de los bosques. En África Central vive el pueblo Aka (izquierda), considerado por los científicos como el primer grupo que comenzó a vivir en las selvas del continente. Un hombre Iban (derecha) prepara a su hijo para una ceremonia local en las selvas de Malasia.

CAPÍTULO DOS

EL FILÓN DE LA TIERRA

A diario, la gente de todo el mundo se beneficia de los productos de las selvas tropicales. El cacao (del cual se obtiene el chocolate), los plátanos, la canela, los clavos, y la caña de azúcar son algunos de los diversos alimentos que se originaron en las selvas tropicales. Estas selvas también nos dieron los primeros cacahuetes, arroz, batatas, y café. Las materias primas de muchos productos vienen de las selvas tropicales y aparecen en artículos de uso diario, tales como muebles, pastillas contra la tos, pelotas de golf, perfume, y zapatillas para correr.

Además de alimentos y materias primas, las plantas de las selvas proporcionan muchas

(Izquierda) **Una bromelia—una epífita cuyas hojas vueltas hacia arriba recogen agua de lluvia—proporciona humedad y un terreno propicio para la reproducción de animales que viven en la bóveda arbórea.** *(Derecha)* **Trabajadores en Costa Rica seleccionan granos de cacao que vienen de las selvas tropicales del país.**

17

medicinas importantes. Algunas de las drogas para el tratamiento de la leucemia, la alta presión arterial, y la malaria se originaron en las selvas. Los científicos creen que las plantas tropicales pueden incluso poseer la cura para algunas formas de cáncer. Los habitantes de las selvas también utilizan las plantas para tratar enfermedades como la artritis, la fiebre, las infecciones de la piel, y las mordeduras de serpiente.

Estos alimentos, materias primas, y medicinas provienen de la variedad espectacular de plantas y animales existentes en las

Las tanagras escarlata hacen su nido en América del Norte y vuelan a América Central y del Sur en el otoño. En el clima cálido de los trópicos, los pájaros mudan sus plumas y se alimentan de insectos y bayas locales.

selvas. Los biólogos calculan que la tierra contiene de 5 a 30 millones de especies diferentes, y más de la mitad de éstas vive en los trópicos. Esta característica de las selvas—su multiplicidad de criaturas vivientes—se conoce como **variedad biológica.** Sin embargo, dentro de una zona dada pueden habitar únicamente unos pocos miembros de cada especie individual.

Los científicos han identificado menos de 2 millones de las especies de la tierra. Los expertos han examinado un número mucho más pequeño para su aprovechamiento en productos o sustancias químicas. Los millones de especies tropicales que no han sido todavía identificadas ni examinadas podrían ofrecer curas médicas, fuentes de energía, **pesticidas** naturales (destructores de pestes), y recursos alimenticios.

UN PAPEL GLOBAL

Las selvas tropicales además sustentan especies que viven en otras partes de nuestro planeta. Por ejemplo, los científicos han registrado un descenso importante entre las aves cantoras de América del Norte—como las currucas, vireos, y tanagras, y lo atribuyen—a la desaparición de las selvas tropicales. Casi la mitad de estas

PLANTAS SALVADORES DE VIDA

Greg Marsh tiene 12 años, y durante los últimos cinco ha padecido de **leucemia linfática.** Esta enfermedad de la sangre es una variedad de cáncer que generalmente afecta a los niños. En el caso de Greg, los linfocitos, es decir los glóbulos blancos del cuerpo, se multiplican muy rápidamente. Puesto que Greg tiene demasiados glóbulos blancos, a su cuerpo le resulta muy difícil producir glóbulos rojos. Los glóbulos rojos son necesarios para transportar oxígeno a todas las partes del cuerpo humano.

Después de que los doctores diagnosticaron la enfermedad de Greg, él comenzó a tomar una droga contra la leucemia fabricada a base de la vinca rosada. Esta flor rosada en un tiempo crecía solamente en la selva de la isla de Madagascar. Se necesitan unas 15 toneladas (13.6 toneladas métricas) de hojas de vinca para fabricar 1 onza (28 gramos) de la droga.

Lo extraño es que los químicos examinaron la flor para ver si tenía propiedades medicinales y no descubrieron ninguna. Posteriormente, los curanderos locales de Madagascar compartieron su conocimiento sobre la planta con los investigadores. Ellos examinaron la flor nuevamente, y descubrieron su valor como agente contra el cáncer.

Las hojas, no los pétalos, de la vinca rosada contienen una medicina valiosa contra el cáncer.

Desde mediados de los años 1980, gracias a la vinca, una persona con leucemia linfática tiene un 99 por ciento de posibilidades de que la gravedad de su enfermedad disminuya. Esto quiere decir que los síntomas desaparecen, al menos durante un período de tiempo. Si la condición de Greg no hubiera sido tratada, él podría haber muerto.

La desaparición de las selvas podrían haber eliminado todas las vincas del mundo antes de que los científicos conocieran su valor. A medida que talamos más bosques, perdemos otras plantas cuyos beneficios todavía no conocemos. En muchos casos, los investigadores necesitan la ayuda de los curanderos tradicionales para averiguar qué plantas merece la pena investigar.

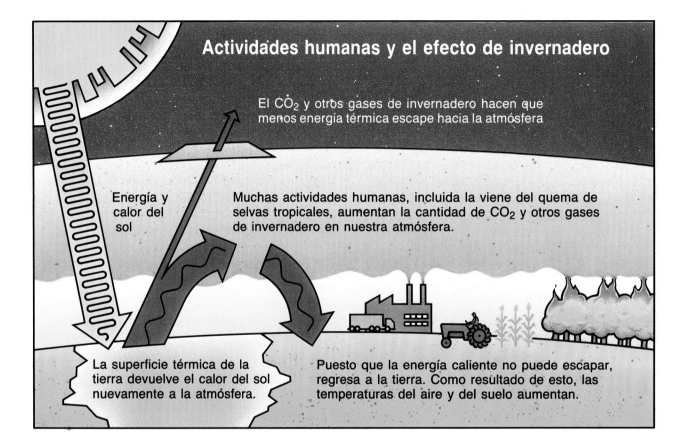

Actividades humanas y el efecto de invernadero

El CO$_2$ y otros gases de invernadero hacen que menos energía térmica escape hacia la atmósfera

Energía y calor del sol

Muchas actividades humanas, incluida la viene del quema de selvas tropicales, aumentan la cantidad de CO$_2$ y otros gases de invernadero en nuestra atmósfera.

La superficie térmica de la tierra devuelve el calor del sol nuevamente a la atmósfera.

Puesto que la energía caliente no puede escapar, regresa a la tierra. Como resultado de esto, las temperaturas del aire y del suelo aumentan.

especies de aves pasan el invierno en las tierras tropicales de América Central y las islas del Caribe.

A medida que las selvas disminuyen en estas zonas, un número cada vez más reducido de aves cantoras sobrevive el invierno. Por lo tanto, menos aves regresan para procrear en el sur de Canadá y en el norte y centro de los Estados Unidos en el verano.

Las selvas también tienen un papel importante en el clima de la tierra. La mayor parte de la materia viva de las selvas está compuesta

Los millones de plantas verdes de las selvas tropicales absorben el dióxido de carbono (CO_2) venenoso durante la fotosíntesis—un proceso complejo que utiliza CO_2, luz solar, elementos nutritivos, y agua para producir alimentos.

de carbono. Cuando el hombre quema las selvas para desbrozar la tierra, se desprende carbono al aire en forma de gas llamado **dióxido de carbono (CO_2).** Durante los primeros años de la década de los 90, debido a la desaparición de las selvas se desprendieron a la atmósfera cada año unos 2.400 millones de toneladas (2.200 millones de toneladas métricas) de CO_2. Esta cantidad de gas podría llenar ¡510 millones de globos aerostáticos!

A medida que el CO_2 se eleva a la atmósfera, atrapa el calor de la tierra. Los científicos temen que este proceso—a veces llamado el **efecto de invernadero**—pueda aumentar la temperatura de la tierra durante las próximas décadas. Con temperaturas más elevadas, las zonas de la tierra cubiertas de hielo podrían derretirse y los niveles del mar aumentarían. Los veranos serían más largos y calientes y podría disminuir la cantidad de lluvia.

Las plantas verdes de las selvas tropicales también absorben CO_2 como parte de un proceso complejo llamado **fotosíntesis.** A medida que talamos selvas, reducimos el número de plantas verdes que absorben CO_2.

PROTECTORES DEL SUELO

Las selvas también protegen el **suelo vegetal** (la capa vegetal superior del suelo) y regulan el flujo y la calidad del agua de los ríos. Por

En una selva sana, la lluvia que llega al suelo se almacena en pequeños arroyos y cascadas estrechas de agua (arriba) *que finalmente desembocan en ríos más caudalosos. Una parte del agua· de lluvia la aprovechan las raíces de las plantas, que devuelven la humedad al aire por medio de sus hojas y pétalos* (derecha).

ejemplo, el agua de lluvia gotea lentamente de las hojas y ramas en la selva, y se infiltra en el suelo. Las raíces de las plantas absorben más de la mitad del agua de lluvia. Las plantas devuelven esta humedad a la atmósfera, en forma de vapor de agua, por medio de sus hojas. El vapor de agua forma nubes tormentosas y cae nuevamente a la tierra como lluvia. De esta manera, las selvas producen lluvia y reciclan constantemente el agua.

El agua que no absorben las plantas escurre lentamente hacia los ríos. Las selvas sanas tienen agua que corre en arroyos limpios y continuos, en vez de irrumpir a borbotones de barro lo cual podría causar inundaciones destructivas.

Cuando se talan las selvas, se destruye algo más que árboles y plantas. Se impide que las selvas eviten los problemas ambientales, que protejan las comunidades naturales, que absorban CO_2, y que mantengan los niveles de lluvia.

Al cortar árboles y otras plantas de las selvas se expone el suelo vegetal a la fuerza destructora del agua. Estas colinas desnudas en Madagascar se vieron cubiertas en otro tiempo por selvas tropicales. La lluvia se lleva fácilmente el suelo vegetal desde las colinas a los valles fluviales.

CAPÍTULO TRES

LA DESTRUCCIÓN DE NUESTRAS SELVAS TROPICALES

La mayoría de las selvas que quedan en el mundo están siendo rápidamente destruidas mediante la explotación forestal o la quema para crear tierras de cultivo y de pasto. Este proceso recibe el nombre de **deforestación.** Casi la mitad de los cuatro mil millones de acres (1.600 millones de hectáreas) de las selvas originales en el mundo ya han desaparecido. El área perdida es igual a los estados de Washington, Idaho, California, Nevada, y Arizona juntos. La mayoría de la explotación forestal a gran escala se ha hecho durante mediados de los años 1900, cuando las poblaciones comenzaron a extenderse rápidamente en los trópicos y aumentó la demanda de las tierras de cultivo.

(Izquierda) Los árboles caídos y la vegetación carbonizada se esparcen por el suelo de una selva en llamas, en la cuenca del río Amazonas en Brasil.

Los expertos no se ponen de acuerdo con respecto al ritmo de destrucción de las selvas. Los cálculos varían de 50 a 125 acres (20 a 51 hectáreas) por minuto. Esto quiere decir que cada 60 segundos selvas de un tamaño equivalente a 100 campos de fútbol americano se ven reducidos a la nada. Al cabo de un año esta destrucción, minuto a minuto, significa una pérdida de millones de acres (hectáreas) de tierra. Si no cambian las tendencias actuales, las selvas pueden desaparecer por completo en el siglo veintiuno.

CAMPOS ARDIENDO

Por lo general, unos pocos terratenientes ricos poseen los mejores campos de cultivo de los trópicos y contratan a gente para trabajar en sus plantaciones. En estos campos extensos generalmente se cultivan alimentos o se cría ganado vacuno para vender su carne a países

extranjeros. Poco de lo que producen las plantaciones se queda en las naciones tropicales. Esta situación deja solamente la tierra de suelo de baja calidad para que el resto de la población cultive alimentos.

Los pueblos de los países tropicales están aumentando a un ritmo muy rápido. Un número creciente de personas se encuentra sin trabajo y no puede mantener a sus familias. Muchos gobiernos de países tropicales están animando a los ciudadanos más pobres a que se trasladen a vivir en las selvas.

Estas personas, sin trabajo y sin tierra, consideran los planes del gobierno como una opor-

En las selvas de todo el mundo, las familias utilizan el método de roza y quema para crear nuevas tierras de cultivo. Primero, cortan los árboles y otras plantas (arriba). Después, los agricultores prenden fuego a la vegetación (derecha).

tunidad para mejorar su vida. Después de reclamar un trozo pequeño de tierra, estos nuevos colonos comienzan a desbrozarlo. Su método para limpiar el terreno se llama **agricultura de roza y quema** y es probablemente el sistema destructivo de las selvas tropicales mundiales utilizado con más frecuencia.

Una familia practica la agricultura de roza y quema cuando corta las selvas y quema seguidamente la vegetación restante. Los miembros de la familia plantan cosechas, que crecen bien durante el primer año. Sin embargo, con cada nueva temporada, la fertilidad

Después de nivelar el campo quemado, los agricultores que practican la agricultura de roza y quema, aran la tierra (izquierda) y plantan cosechas (arriba). Los alimentos crecen durante algunas temporadas, pero al suelo le faltan los elementos nutritivos que necesita para ser productivo durante muchos años.

del suelo disminuye y las cosechas se reducen. Los insectos y las malas hierbas llegan a ser un gran problema. Dentro de unos pocos años, el suelo tropical de baja calidad ya no puede sustentar a la familia, que se traslada en busca de otra parcela de selva que desbrozar.

La gente ha practicado esta agricultura de roza y quema durante siglos. En épocas pasadas, muy pocas tierras fueron utilizadas de esta manera, y las parcelas de tierra de cultivo abandonadas podían recuperar su fertilidad. Pero ahora, unos 250 millones de agricultores de roza y quema cortan entre 15 y 50 millones de acres (de 6 a 20 millones de hectáreas) de bosque cada año. Esta pérdida anual es equivalente en tamaño al estado de Nebraska.

Algunos de los colonos están desbrozando ilegalmente parques y reservas naturales, que supuestamente están protegidos contra cambios. Como resultado del método tan extendido de roza y quema, grandes secciones de selvas se han debilitado tanto por el abuso y la falta de elementos nutritivos que ya no pueden volver a crecer.

EL NEGOCIO DE LOS ÁRBOLES

El corte de árboles a gran escala, denominado **explotación forestal,** es también un fac-

tor importante en la destrucción de las selvas. A veces esta madera se utiliza como combustible en las fábricas de un país tropical, pero con mayor frecuencia la madera se vende a otras naciones.

Japón importa la mitad de toda la madera tropical cortada cada año, principalmente en el Asia Sud Oriental. Las compañías de explotación forestal de Japón están tratando de

En la oscuridad de una selva africana, un maderero utiliza una sierra mecánica para cortar las raíces de un árbol.

Un trabajador inspecciona una carga de madera tropical antes de que el vehículo que la transporta abandone el campamento maderero del sudeste de México. La cosecha de caoba, palo de rosa, y ébano de la zona se corta y se vende como materia prima para muebles y otros artículos. El gobierno mexicano trae colonos a la región para que sean agricultores de roza y quema. Como resultado de la tala y la agricultura, las últimas regiones selváticas de México están desapareciendo.

JAPÓN BLANDE UNA HACHA PESADA

Dos tercios de Japón están cubiertos de bosques, que los japoneses cuidan con esmero. Sin embargo, todos los años Japón importa la mitad de todas las maderas duras tropicales cortadas en las selvas tropicales del mundo. Los japoneses aprecian la dureza y la belleza de las maderas tropicales. Ellos utilizan para construir casas y muebles. Los japoneses también convierten las maderas duras en papel y cajas de cartón.

La mayor parte de la madera tropical que Japón importa procede del Asia Sud Oriental, específicamente de Malasia, Indonesia, y las Islas Filipinas. Las grandes compañías mercantiles de Japón importan la mayor parte de las maderas tropicales, proporcionando a las fábricas los troncos para fabricar madera contrachapada, entre otros productos. Esta madera delgada pero fuerte, es un material muy popular en la construcción de casas japonesas.

Debido a las presiones públicas y privadas, el gobierno japonés ha comenzado a aceptar parte de la responsabilidad de conservar las selvas tropicales. Se está haciendo lo posible para educar al consumidor japonés sobre los sustitutos de maderas duras tropicales para la construcción de casas, muebles, y papel. Algunos grupos están presionando para crear leyes que obliguen a las compañías mercantiles japonesas a dirigir sus operaciones madereras con prudencia. Estos pasos podrían ayudar a las selvas del Asia Sud Oriental a sobrevivir.

Una tienda de Japón ofrece una amplia variedad de artículos hechos con maderas tropicales.

extender sus actividades a las selvas inmensas de la cuenca del río Amazonas.

Los Estados Unidos y Europa Occidental también importan grandes cantidades de maderas tropicales, como teca, palo de rosa, y caoba. Las maderas tropicales se transforman en una multitud de artículos, incluido el papel higiénico, palillos chinos para comer, fósforos, muebles, cajas de cartón, e instrumentos musicales.

Las compañías de explotación forestal se han concentrado en las selvas de Asia Sud Oriental y África Occidental. Algunos países de esas regiones ya han perdido casi todas sus selvas tropicales. Para el año 2000, muchas más naciones ya habrán cortado todos sus bosques madereros explotables.

En la mayoría de los casos, los métodos utilizados para cortar madera son imprudentes. Los madereros a menudo cortan bosques enteros y no plantan nuevamente las zonas cortadas. A veces, los trabajadores se llevan sólo los árboles más grandes o los más valiosos. Durante la tala de árboles, los madereros a menudo dañan el resto del bosque. Por ejemplo, al caer, los árboles cortados perjudican o abaten otros árboles jóvenes o maduros a su alrededor.

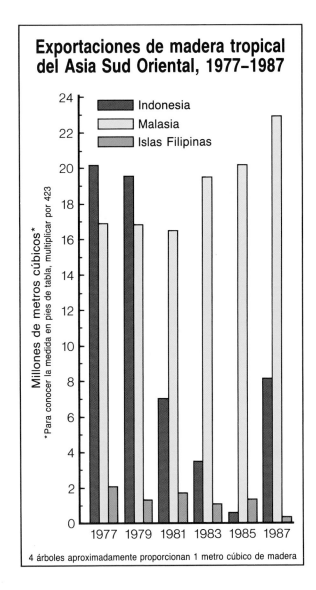

Exportaciones de madera tropical del Asia Sud Oriental, 1977–1987

Millones de metros cúbicos*
*Para conocer la medida en pies de tabla, multiplicar por 423

- Indonesia
- Malasia
- Islas Filipinas

4 árboles aproximadamente proporcionan 1 metro cúbico de madera

La maquinaria pesada para cortar árboles comprime la tierra de modo que las semillas de las plantas no pueden crecer. Cuando hay tempestades de lluvia el agua arrastra fácilmente el suelo vegetal. Además, las operaciones de explotación forestal en las selvas tropicales derrochan grandes cantidades de madera aprovechable, dejándola descomponerse en los bosques.

Las vacas apacientan en una parcela de selva recientemente desbrozada. Los rancheros de ganado han destruido grandes extensiones de selvas tropicales en América del Sur y Central para crear praderas para su ganado. Sin embargo, en poco tiempo, el terreno pierde su productividad, y los rancheros abandonan estas parcelas por otras nuevas.

CRÍA DE GANADO VACUNO

La creación de extensos ranchos de ganado vacuno es otra causa notable de la desaparición de selvas. La cría de ganado aumentó en América Central en los años 1960, cuando los Estados Unidos comenzaron a importar grandes cantidades de carne de res de esa región. Los precios de la carne de res en los Estados Unidos eran muy altos, y la industria de alimentos preparados necesitaba un suministro, a bajo precio, de carne para hamburguesas.

En Brasil, los terratenientes han convertido en ranchos de ganado más de 25 millones de acres (10 millones de hectáreas) de selvas. Este área equivale en tamaño al estado de Kentucky. Los rancheros brasileños compran la tierra destruida por los agricultores mediante el sistema de roza y quema, o desbrozan ellos mismos las selvas. Hay muchos días en que el humo de centenares de incendios forestales se ve en Brasil.

Con frecuencia, los trabajadores no retiran los árboles antes de que comience la quema, y así el fuego destruye maderas tropicales valiosas. Una vez que la tierra se convierte en terreno de pasto los rancheros la queman una y otra vez para promover el crecimiento del

Los empaquetadores de carne preparan las cuerpos de las reses para su envío al extranjero. El aumento en la demanda de fuentes baratas de carne de res en los Estados Unidos ha causado la expansión de la cría de ganado vacuno en América del Sur y Central.

pasto, y evitar que salgan hierbas venenosas. Al igual que los campos de cultivo pequeños, los incendios repetidos disminuyen la productividad de la tierra de un año a otro.

Tarde o temprano, los rancheros abandonan los terrenos agotados y se trasladan para reclamar nuevas parcelas de selva. En la mayoría de los casos, el pasto abandonado no tiene la fuerza ni los elementos nutritivos naturales para hacer que crezcan nuevamente los árboles. Como consecuencia, nuestro planeta pierde para siempre sus valiosas selvas.

EL "PROGRESO" PUEDE RESULTAR COSTOSO

Los agricultores, los madereros, y los terratenientes no son los únicos grupos que destruyen las selvas. Para facilitar el acceso de vehículos y personas al interior de las selvas, los gobiernos de países tropicales y las compañías extranjeras han dinamitado la densa vegetación para construir carreteras. Las carreteras permiten la entrada a las selvas a las cuadrillas de trabajadores, los camiones de suministro, y la maquinaria pesada. Las carreteras traen también

Dos niñas de Ecuador, en América del Sur, juegan sobre un oleoducto que atraviesa las selvas de su país. Muchos proyectos industriales que debieran mejorar la economía local terminan por dañar gravemente las selvas tropicales.

agricultores de roza y quema a las nuevas zonas de las selvas.

La mayoría de los proyectos que debieran ayudar a los países pobres terminan por dañar gravemente las selvas. Los bancos internacionales, por ejemplo, han prestado dinero a los países tropicales para que se industrialicen. Mucha gente cree que, con más industria, estas naciones menos desarrolladas podrán ganar dinero y crear puestos de trabajo.

Entre los muchos proyectos a gran escala, financiados por dichos bancos, se incluyen las **presas hidroeléctricas.** Estas estructuras se construyen de un lado a otro de los ríos para controlar el flujo de agua utilizada para producir electricidad. El poder eléctrico proporciona energía a las industrias. Este tipo de energía es muy importante en los países tropicales, donde escasean otras fuentes de energía como el carbón y el petróleo.

Desgraciadamente, las presas también inundan secciones extensas de la selva, destruyendo el hogar de pueblos, plantas, y animales. Algunas de las presas nuevas nunca controlan suficiente agua para crear electricidad. Así, los beneficios que ofrecen no duran mucho pero la destrucción permanece.

Otros proyectos notables en los países tropicales producen madera, astillas de pulpa de madera, hierro, y bauxita (la materia prima utilizada para la fabricación de aluminio). La mayoría de estos productos terminan en manos de naciones más ricas. La gente que vive en las regiones de las selvas generalmente no se beneficia directamente de estos negocios. Sus gobiernos, sin embargo, tienen la responsabilidad de pagar los préstamos que hicieron posibles estos proyectos.

REDUCIÉNDOSE A LA NADA

Las consecuencias de la destrucción de las selvas son las mismas cualquiera que sea el método de destrucción. Cambia el clima global, desaparecen plantas y animales poco comunes, y aumenta la contaminación. La desaparición de las selvas origina problemas ambientales regionales, tales como la **erosión** (el arrastre del suelo vegetal por el agua), inundaciones, y daño a los recursos alimenticios.

Distintos tipos de proyectos perjudican a las selvas de diversas maneras. Las presas hidroeléctricas, por ejemplo, forman lagos donde se reproducen moscas, mosquitos, y caracoles. Estas pestes diminutas pueden transmitir enfermedades graves a los habitantes locales. Las operaciones mineras pueden desprender mercurio, un metal muy venenoso, que va a parar a los ríos que fluyen por las selvas.

Cuando se desbrozan las selvas, los residentes originarios pierden su fuente de medicina, alimentos, materiales de construcción, e ingresos. Los nuevos colonos traen consigo enfermedades que matan a muchos pueblos de las selvas y dañan formas de vida ancestrales. En el año 1500, la cuenca del río Amazonas contaba, como mínimo, con unos seis millones de indios. Para 1900, la población se había reducido a un millón. Actualmente quedan menos de 200.000.

El desbrozo de las selvas destruye los hogares naturales, llamados **hábitats,** de muchos animales y plantas. Los científicos calculan que al menos 4.000 especies tropicales desaparecen para siempre cada año. El ritmo de **extinción** de las selvas es más rápido que el de cualquier otra comunidad natural de la tierra. Una vez que desaparecen estos seres vivientes, nuestro planeta pierde la variedad biológica y los beneficios que pudieran ofrecer dichas especies.

El tití dorado—una variedad de mono—es originario de las selvas de Panamá y América del Sur. Esta especie se encuentra en la actualidad en peligro de extinción porque su hábitat va desapareciendo.

CAPÍTULO CUATRO

LAS SELVAS TROPICALES EN EL MUNDO

Las selvas se encuentran principalmente en tres zonas—Latinoamérica, Asia Sud Oriental, y África. Brasil en Latinoamérica, Indonesia en el Asia Sud Oriental, y el Zaire en África cuentan, entre los tres países, con la mitad de las selvas que quedan en el mundo.

LATINOAMÉRICA

Las selvas de Latinoamérica cubrían originalmente parte de América Central, América del Sur, y las Islas del Caribe. En la actualidad estas regiones tienen aproximadamente tres quintas partes de las selvas que quedan en el mundo. Los trabajadores han desbrozado la mayor parte de las selvas de América Central y de las Islas del Caribe.

La zona más extensa de selvas se encuentra en la cuenca del río Amazonas que está en Brasil y en los países colindantes. El poderoso río Amazonas—uno de los sistemas fluviales más grandes del mundo—fluye por esta región.

(Izquierda) **Debido a que el suelo de las selvas es de tan baja calidad, las raíces de los árboles a menudo buscan su alimento en el suelo vegetal superficial, en vez de profundizar en el suelo. Del tronco de los árboles surgen raíces como puntales de apoyo que crean espacios de amparo para otros tipos de vegetación.** *(Arriba)* **El pico enorme y de colores llamativos del tucán toco le ayuda a encontrar pareja en las selvas tropicales del Brasil.**

37

Durante los últimos años, cuadrillas de trabajadores han talado amplias secciones de la selva de Brasil. De las selvas costeras sólo queda ya una superficie muy reducida. Las selvas del Amazonas en el interior del Brasil todavía son muy extensas. Pero la agricultura de roza y quema, los proyectos industriales, la explotación forestal, y la cría de ganado amenazan la permanencia de las mismas.

El gobierno brasileño considera sus selvas como una fuente de riqueza y ha fomentado algunos proyectos industriales que han destruido vastas zonas de selva tropical. Diversas naciones del mundo han criticado a Brasil por sacrificar sus selvas a intereses económicos.

Incluso los bancos internacionales, que prestan dinero a Brasil, se han visto sujetos a esta presión pública para impedir la destrucción de las selvas. Estos están comenzando a denegar préstamos por valor de cientos de millones de dólares hasta que el gobierno de Brasil acceda a proteger sus selvas y los pueblos que las habitan. Debido a esta presión, la actitud de Brasil hacia el uso de las selvas parece estar cambiando.

Colombia, en el noroeste de América del Sur, también se ha visto afectada por el aumento de los ranchos de ganado, los

CHICO MENDES
Defensor de un estilo de vida

Chico Mendes se crió en las selvas del noroeste de Brasil en los años 1950. Su padre, un recolector de caucho, le enseñó a hacer cortes meticulosos e inclinados en la corteza de los árboles de caucho. Por estos cortes rezumaba una savia blanca lechosa, llamada **látex,** que era recogida gota a gota por los recipientes pequeños que se ataban a los árboles. Los recolectores venden el látex a las compañías que lo utilizan para hacer caucho. Un soldado rebelde que se escondía en el bosque le enseñó a Chico a leer y a pensar por sí mismo. Estas lecciones influyeron a Mendes que, de adulto, llegó a ser una voz enérgica en defensa de los recolectores de caucho de Brasil y de las selvas del Amazonas que les proporcionan su subsistencia.

Chico Mendes [fotografiado aquí con su esposa Ilzamar] vivió y trabajó en las selvas del Brasil.

Durante los años 1970, los ganaderos de Brasil talaron y quemaron miles de acres (hectáreas) de selva para convertirlas en tierras de pasto. Para protestar esta destrucción, Mendes y otros recolectores de caucho formaron el Sindicato de Trabajadores Rurales, que se resistía, de manera pacífica, a la desaparición de las selvas. Por ejemplo, cuando una sección de selva se marcaba para ser desbrozada, los recolectores de caucho y sus familias se reunían en ese lugar para tratar de convencer a los madereros para que no cortaran los árboles.

Para los años 1980, Mendes era ya bien conocido fuera de Brasil y asistía, con frecuencia, a conferencias en los Estados Unidos y Europa. En estos congresos, exhortaba a los bancos y a otros grupos que prestaban dinero a países tropicales a que salvaguardaran las selvas. Les demostraba a los prestamistas que las selvas podían proporcionar productos valiosos dentro de zonas llamadas **reservas extractivas.** Con una gestión prudente, estas zonas podrían abastecer de alimentos y materias primas a futuras generaciones.

Hacia finales de los años 1980, el trabajo de Mendes empezaba a surtir efecto. El gobierno brasileño había establecido varias reservas extractivas. Sin embargo, este éxito enojó a los

Los cortes inclinados en la corteza del árbol del caucho dirigen la savia hacia un recipiente pequeño.

terratenientes poderosos. Se volvieron comunes las amenazas de muerte contra Mendes y los actos de violencia contra los miembros del sindicato. En diciembre de 1988, a los 44 años de edad, Mendes fue asesinado fuera de su casa en la selva amazónica. Los ganaderos locales fueron condenado del asesinato de Mendes.

Mendes había dedicado su vida a defender las selvas y los derechos de los recolectores de caucho. Aunque su asesinato entristeció a muchas personas en todo el mundo, su muerte les hizo más conscientes de su meta y estimuló los esfuerzos de conservación de las selvas.

programas de explotación forestal intensiva, y la agricultura de roza y quema. Quedan selvas tropicales en la sección de la cuenca del río Amazonas en Colombia y a lo largo de la costa del Océano Pacífico. Los científicos creen que estas áreas contienen más especies de plantas y animales que cualquier otra selva del mundo, excepto Brasil. Además, miles de personas viven en las selvas de Colombia.

A pesar de las presiones para desarrollar industrias en sus selvas tropicales, el gobierno colombiano ha apoyado enérgicamente los esfuerzos de conservación. Para comienzos de los años 1990, había otorgado pleno control legal sobre más de la mitad de sus selvas amazónicas a los pueblos que las habitan.

Esta concesión protegía 69.000 millas cuadradas (178.700 kilómetros cuadrados), un área del tamaño del estado de Missouri. El gobierno no puede talar, minar, ni vender esta tierra. Los funcionarios colombianos animan a los residentes a preservar su estilo de vida tradicional porque protege las selvas.

ASIA SUD ORIENTAL

Las selvas cubrían originalmente la mayor parte del Asia Sud Oriental, incluidas las Islas Filipinas, Tailandia, Malasia, e Indonesia.

Aunque algunas de las selvas de Colombia han sido dañadas, el gobierno ha concedido grandes parcelas a los pueblos que habitan las selvas. Ellos protegen de daños futuros a las selvas con su estilo de vida tradicional que no abusa de la tierra.

Actualmente sólo existen bosques extensos en ciertas islas grandes del Asia Sud Oriental. Las selvas de la región proporcionan al mundo la mayoría de las maderas duras tropicales. Los trabajadores cortan o dañan más de 6 millones de acres (2.4 millones de hectáreas) de árboles cada año. Esta zona tiene el mismo tamaño que el estado de New Hampshire.

Indonesia es una nación compuesta de miles de islas y tiene las selvas más extensas del mundo, después de Brasil. Las selvas muy variados de Indonesia cuentan con 515 clases de mamíferos—más que ningún otro país—y 1.500 tipos de aves. Entre las especies poco comunes de la nación están los tigres, los orangutanes, las aves del paraíso, y los wallabies arbóreos.

Algunas zonas de las selvas de Indonesia se están desforestando muy rápidamente. Las compañías de explotación forestal contribuyen a este daño al cosechar la madera. Pero otra causa de deforestación es el programa del gobierno que ha trasladado a millones de indonesios desde las islas abarrotadas de gente a las selvas escasamente pobladas. Este movimiento se denomina **reasentamiento.**

Para crear granjas y establecer pueblos, los nuevos colonos han desbrozado o dañado

Una mujer indonesia coloca con cuidado varas de canela para que sequen. Esta especia viene de la corteza de los árboles de canela que crecen en las selvas de la nación.

gravemente más de 120 millones de acres (49 millones de hectáreas) de selva. Esta área es casi tan grande como los estados de Utah y Colorado juntos.

El programa de reasentamiento de Indonesia comenzó en los años 1950. Supuestamente iba

El programa de reasentamiento de Indonesia trajo miles de nuevos residentes a las selvas serenas. Aunque el gobierno ha retardado sus planes de asentamiento, estas gentes continúan cortando árboles para usarlos como combustible.

a proporcionar vivienda y a solucionar otros problemas de la población del país que crecía rápidamente. Además, los líderes de la nación creían que el programa mantendría bajo el control del gobierno las islas selváticas del exterior que eran lugares de disturbios políticos. Los bancos internacionales y algunos países extranjeros financiaron los planes de reasentamiento de Indonesia.

El programa ha causado problemas ambientales muy serios, entre otros, la erosión y las inundaciones. Año tras año, el suelo de baja calidad de las selvas rinde menos cantidades de arroz y otras cosechas que los colonos necesitan para vivir. Los líderes de Indonesia han retardado el programa debido a estos problemas y porque se les está acabando el dinero.

La mayor parte de las maderas duras tropicales viene de los estados malasios de Sarawak y Sabah. Estos estados ocupan la parte norte de Borneo—una isla grande en el Mar de la China Meridional. Japón es el cliente principal de la región, importando el 90 por ciento de los troncos de Sarawak y Sabah.

Casi la mitad de los ingresos de Sabah viene de sus actividades forestales, y el gobierno mantiene que la mayoría de los bosques del estado están listos para ser cosechados. Según una nueva ley, es un delito tratar de impedir que una compañía maderera tale árboles. Los taladores probablemente han cortado o dañado un 70 por ciento de las selvas de Sabah.

Las selvas de Sarawak, un estado de Malasia, contienen muchas especies poco comunes de animales. La mariposa Raja Brooke se llama así en honor de James Brooke, un aventurero británico que en un tiempo gobernó esta región.

En el Río Baram, troncos de maderas duras tropicales de las selvas en disminución de Sarawak están por transportar a otro lugar.

En muchos casos, las prácticas de explotación forestal—tales como la construcción de carreteras para transportar maquinaria y el desbrozo del terreno contiguo para deshojar los troncos cortados—son más dañinas que la tala de árboles. Por cada dos árboles cortados en Sabah, los madereros generalmente destruyen medio acre (la décima parte de una hectárea) de selva sana.

ÁFRICA

Las selvas de África cubren la costa de África Occidental y crecen a lo largo del río Zaire, que fluye a través de la zona central y occidental del continente. Camerún, el Congo, Gabón, y Zaire tienen selvas muy densas, y estas naciones cosechan su madera y sus minerales.

Una cuarta parte de las selvas de África han desaparecido desde los años 1950. La agricultura de roza y quema y la explotación forestal comercial han provocado esta destrucción. Las selvas de África Occidental han sido particularmente explotadas. Côte d'Ivoire (antiguamente llamada Costa de Marfil), por ejemplo, ha perdido casi un 90 por ciento de sus bosques en menos de 30 años.

Las selvas tropicales también crecen al este de Madagascar. Una isla que mide mil millas

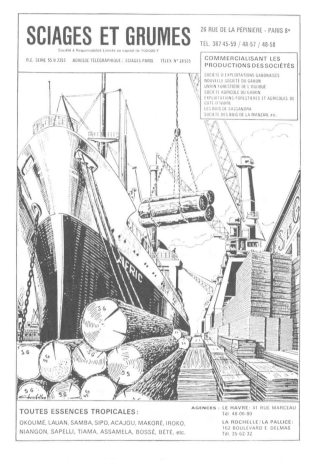

Un anuncio publicitario en francés enumera las maderas tropicales africanas disponibles al mercado europeo. Muchas de las compañías que aparecen como proveedoras obtienen la madera del Gabón, en la costa de África Occidental. Las selvas de Gabón, que se encuentran en la cuenca del río Zaire, proporcionan una gran parte de los ingresos extranjeros del país.

(1.600 kilómetros) de largo, Madagascar está situada a 250 millas (402 kilómetros) de la costa este del continente de África. La isla contiene un gran número de especies endémicas. Más de cuatro quintas partes de sus primates, reptiles, mamíferos, y plantas de flor no se encuentran en ningún otro lugar del mundo.

El este de Madagascar en un tiempo estaba casi totalmente cubierto con selvas tropicales. A comienzos de los años 1990, aproximadamente una quinta parte del área original tenía todavía bosques. Los agricultores que practican la agricultura de roza y quema son responsables de la mayor parte de este daño. La pobreza y la población que aumenta rápidamente han acelerado las actividades de desbrozo del terreno por parte de los agricultores. A medida que los alimentos escasean y encarecen, los agricultores cortan más selvas tropicales para mantener a sus familias que siguen creciendo. Los ranchos de ganado vacuno y la tala son responsables del resto de la destrucción.

La tala masiva de árboles ha desforestado esta colina en el este de Madagascar.

CAPÍTULO CINCO

ESFUERZOS MUNDIALES DE CONSERVACIÓN

Muchos gobiernos, grupos, e individuos de todo el mundo se han dado cuenta de los efectos de gran envergadura de la desaparición de las selvas. Estos han concebido muchos planes para salvar, por lo menos, algunas de las selvas mundiales.

Por ejemplo, los conservacionistas (personas que se dedican a proteger nuestro medio ambiente) exhortan a los bancos internacionales que dejen de prestar dinero para proyectos que destruyen las selvas. Algunos bancos, a su vez, están obligando a los líderes de países con selvas tropicales a retardar la deforestación. Algunos bancos buscan proyectos de conservación de selvas tropicales para financiarlos.

En años recientes, los habitantes de países tropicales se han convertido en una gran influencia a favor del cambio. Entre 1970 y 1990, por ejemplo, se formaron en Brasil solamente, más de 300 organizaciones de conservación. En Malasia, el pueblo nómada llamado Penan puede perder sus selvas antiguas ante las actividades de las compañías de explotación forestal. Dada esta situación, los miembros del pueblo Penan bloquean repetidamente las carreteras utilizadas por los madereros, arriesgándose así a ser arrestados.

Son muchos los planes de conservación de las selvas tropicales. Algunas de las sugerencias incluyen la clasificación de las selvas como reservas protegidas permanentes y el aumento del uso no destructivo de las mismas. Otras propuestas fomentan la comprensión científica de estas selvas mediante la investigación y

(Izquierda) Estos lémures sifaka se agarran a los árboles con sus poderosas patas traseras. Con la desaparición de las selvas de Madagascar, sólo un número reducido de sus especies poco comunes puede encontrar hábitats. A mucha gente le preocupa que los lémures, que viven únicamente en Madagascar, puedan desaparecer por completo muy pronto a medida que su frágil ambiente desaparece.

47

señalan la necesidad de financiar completamente los esfuerzos de conservación.

TIERRAS EN RESERVA

Algunos gobiernos y otras organizaciones han designado secciones de selva tropical como zonas protegidas. Algunas de estas zonas son sólo para animales y plantas indígenas, y no se permite que la gente se asiente en ellas. Pero muchas reservas permiten a los residentes que ya las habitan a permanecer y a llevar a cabo actividades no destructivas.

Algunos gobiernos de países tropicales han establecido **reservas extractivas** donde las familias residentes pueden extraer (recolectar) productos de la selva, tales como caucho natural y nueces del Brasil. A finales de los años 1980, Brasil estableció varias de estas reser-

Este miembro del pueblo Waiwai vive y trabaja en una reserva extractiva de Brasil. Esta reserva produce cosechas lucrativas sin dañar las comunidades naturales de plantas y animales de la selva.

vas que salvaguardaban permanentemente los derechos de los recolectores de caucho y de otros habitantes de las selvas. Durante mucho tiempo, estos grupos no estaban de acuerdo con los ganaderos sobre el uso de las selvas.

Generalmente, los países tropicales no tienen los fondos necesarios para pagar a guardabosques que vigilen las reservas de las selvas. Los grupos de conservación ofrecen dinero, instrucción, y consejo para ayudar a estas naciones a proteger sus reservas de los agricultores de roza y quema, de cazadores, de incendios, y de otros daños.

USAR SIN ABUSAR

La destrucción de la mayoría de las selvas ocurre por motivos económicos. Los funcionarios de países tropicales y algunas compañías extranjeras consideran a las selvas como una manera rápida de ganar dinero. No siempre se dan cuenta de que la tala, la cría de ganado, y otras actividades les proporcionan beneficios a corto plazo y pérdidas a largo plazo.

Los conservacionistas quieren que los gobiernos de países tropicales intenten el llamado **desarrollo sostenible,** es decir, la cosecha de productos de las selvas durante un período

Un niño sujeta el fruto abierto de la nuez del Brasil que contiene varias semillas del árbol. Después de quitar la cáscara dura, la gente come las semillas como nueces. Las semillas se pueden triturar para conseguir un aceite comestible valioso.

extenso de tiempo sin dañar las selvas. Estos activistas señalan que los beneficios obtenidos de los productos de las selvas generalmente son mayores que los producidos por la tala o la agricultura.

Por ejemplo, los ingresos que se consiguen de los árboles del caucho silvestre y de los árboles de nueces del Brasil, en una parte del Brasil, son cuatro veces mayores que las

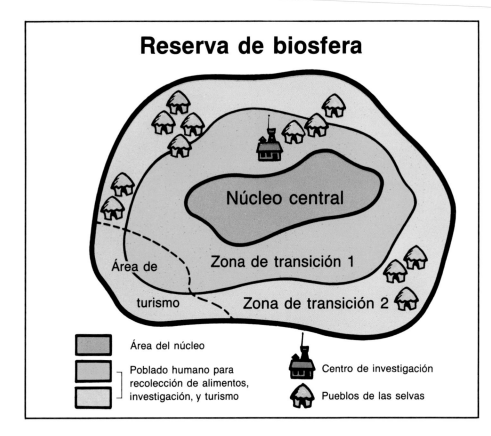

Reserva de biosfera

Núcleo central

Área de
turismo

Zona de transición 1

Zona de transición 2

Área del núcleo

Poblado humano para
recolección de alimentos,
investigación, y turismo

Centro de investigación

Pueblos de las selvas

*Las Naciones Unidas, una agencia internacional, ha concebido la idea de las **reservas de biosfera**. En estas zonas protegidas, la gente combina la producción de alimentos y otros productos con métodos estrictos de conservación. El núcleo central se reserva para plantas y animales indígenas y no puede ser alterado. Alrededor de este núcleo hay zonas para uso humano, donde tienen lugar actividades turísticas, de recolección de alimentos, y de investigación. Las reservas de biosfera ofrecen una solución para la convivencia armónica de selva y gente.*

ganancias que se derivan de la cría de ganado en la misma zona. Este hecho junto con otros, persuadió al gobierno brasileño a establecer las primeras reservas extractivas. Muchos conservacionistas creen que una gestión cuidada del desarrollo sostenible es la clave de la supervivencia de las selvas y de los pueblos que las habitan.

Por lo general, los suelos de las selvas son de una calidad demasiado baja para sostener la agricultura. Pero en ciertos lugares donde los bosques han sido destruidos o dañados, nuevos tipos de plantación a pequeña escala pueden permitir a los agricultores a mantenerse a sí mismos con una pequeña parcela de tierra. Por ejemplo, los investigadores en algunas secciones del Brasil están tratando de cultivar árboles del pan o palmeras. Estos árboles prosperan en suelos de baja calidades y producen frutos comestibles. Las prácticas

Un curandero indonesio corta astillas de la corteza de un árbol de la selva que utilizará para preparar una medicina.

agrícolas de algunos pueblos de las selvas pueden ofrecer más ideas para poner en práctica experimentos agrícolas.

NECESITAMOS SABER MÁS

Para proteger las selvas es necesario comprender sus comunidades naturales. Los investigadores continúan identificando especies en las selvas e investigando los usos adicionales de los productos de las selvas. Los científicos, por ejemplo, trabajan con los curanderos locales para identificar plantas que puedan producir nuevas medicinas. Los curanderos, que han recogido plantas de las selvas durante mucho tiempo para tratar enfermedades, tienen un amplio conocimiento que podrían compartir con los científicos.

Los investigadores también están descubriendo nuevas maneras de ayudar a las especies de las selvas a sobrevivir en las reservas. Estos expertos creen que las reservas que cubren menos de 60 acres (24 hectáreas) son demasiado pequeñas para que se reproduzcan en ellas muchos animales y plantas. Estas reservas más pequeñas pueden perder hasta la mitad de sus especies en los próximos 100 años.

Todos los esfuerzos de conservación cuestan dinero, y muchas naciones de países tropicales son demasiado pobres para financiar estas actividades. Por esta razón, la ayuda económica con frecuencia viene de países más ricos. Se ha recaudado dinero de maneras distintas para conservar las selvas. Algunas organizaciones animan a la gente a «adoptar» acres (hectáreas) específicas de una selva para protegerlas. Otros grupos apoyan a las agencias de los países tropicales que están directamente comprometidas con la tarea de proteger las selvas.

El **turismo de naturaleza** se ha convertido en una fuente adicional de ingresos para los países que están tratando de proteger sus selvas tropicales. Las gentes de las naciones que no tienen selvas tropicales pagan dinero para visitar reservas tropicales bien administradas. El dinero que se gasta la gente en estos viajes demuestra a los gobiernos de países tropicales que las selvas, sin resultar dañadas, pueden ser una fuente continua de ingresos.

El **intercambio deuda por naturaleza,** es decir, intercambiar las deudas de un país tropical por nuevos programas de conservación, también financia la protección de las selvas. El intercambio se lleva a cabo de la siguiente manera. Muchos países tropicales han pedido prestado dinero a bancos interna-

ADOPCIÓN DE SELVAS TROPICALES PARA SALVARLAS

Puede resultar difícil ver lo que una persona ordinaria puede hacer para proteger las selvas. Este problema parece no molestar a Omar Castillo de México, Roland Tiensuu de Suecia, y Jiro Nakayama de Japón. Estos tres estudiantes y miles de otros estudiantes del mundo participan en programas que permiten que la gente «adopte» acres [hectáreas] de las selvas de América Central para preservarlas.

El programa funciona así. Mediante el pago de una cuota fija, generalmente entre $30 y $50, una persona o un grupo paga la protección de un acre [media hectárea aproximadamente] de selva durante un año. Algunos estudiantes han reciclado latas y periódicos para financiar su «adopción.» La cuota de adopción ayuda a los países tropicales a contratar e instruir guardabosques y a educar a la población local sobre el cuidado de la selva. El dinero también se emplea para financiar proyectos de investigación sobre el uso no perjudicial de las selvas.

La organización Conservación de la Naturaleza [Nature Conservancy] dirige un proyecto de

adopción de acres [hectáreas] y ayuda a dirigir el Programa Internacional Infantil de Selvas Tropicales. Mediante estas actividades, los estudiantes de todo el mundo—desde Nueva York hasta Nagano en Japón—han salvado miles de acres [hectareas] de selvas 'tropicales en América Central.

cionales y no han podido pagar sus deudas. Los bancos, que desean recuperar al menos parte de su dinero, se ponen de acuerdo para eliminar parte de la deuda a cambio de una pequeña cantidad de dinero. Un grupo de conservación de un país rico paga esta cantidad. El país tropical entonces debe pagar su deuda al grupo de conservación que, a su vez, intercambia la deuda por programas que aseguren la conservación de las selvas. Los intercambios deuda por naturaleza han tenido éxito en Bolivia, Madagascar, y Costa Rica.

Los estudiantes utilizan dinero recaudado mediante el reciclaje de latas de aluminio para pagar la adopción de hectáreas de selvas tropicales.

CAPÍTULO SEIS

LA CONSERVACIÓN DE LAS SELVAS

Existen diversas maneras en que los individuos—por cuenta propia o como miembros de grupos interesados—pueden intervenir en los esfuerzos para conservar las selvas. Infórmate a ti mismo y a los que te rodean sobre los diversos beneficios que se derivan de las selvas sanas y prósperas. Este conocimiento aumentará sus posibilidades de supervivencia. Se puede presionar a los gobiernos y a las organizaciones internacionales mediante campañas para escribir cartas, manifestaciones, y **boicots.**

(Izquierda) Las manifestaciones contra el abuso de las selvas han atraído la atención mundial a este tema. (Derecha) Este ocelote joven es miembro de una especie en peligro de extinción que vive en las selvas de América del Sur. Los cazadores matan a los ocelotes por su piel. Al negarnos a comprar prendas hechas con pieles de ocelotes, participamos en los esfuerzos para salvar a estos animales.

Los boicots tienen lugar cuando muchas personas dejan de comprar productos que perjudican a las selvas. Por ejemplo, Burger King—una de las cadenas principales de comida preparada—utilizaba para sus hamburguesas carne de res de animales criados en terrenos destruidos de las selvas de América Central. Algunas personas dejaron de comprar las hamburguesas de Burger King para mostrar

En la ciudad de Nueva York, el público se manifiesta para luchar contra la destrucción de las selvas del Brasil.

su desaprobación. Debido a este boicot, en 1987 la compañía dejó de utilizar carne de res proveniente de América Central. Desde esa fecha, Burger King ha colaborado con el gobierno de Costa Rica para encontrar una manera menos destructiva de producir carne de res para el mercado de los Estados Unidos.

Las presiones públicas a nivel mundial mediante el envío de cartas y otras actividades también persuadieron a la compañía internacional Scott Paper, que fabrica papel. La compañía decidió no participar en un proyecto industrial en Indonesia que habría producido pulpa de madera procedente de un millón de acres (unas 404.700 hectáreas) de selva tropical.

Sin embargo, antes de que estas compañías reaccionaran a la presión pública, ya habían contribuído a la destrucción de muchos miles de acres (hectáreas) de selvas tropicales. Solamente ahora, debido al conocimiento y la participación del público, estas compañías han cambiado su actitud.

Los gobiernos de países tropicales, los bancos internacionales, y las compañías importadoras de madera, también están reaccionando a la presión para detener el proceso de deforestación. Las campañas públicas están obligando al Japón—el mayor importador de maderas tropicales—a controlar sus extensas operaciones de explotación forestal y a dejar de fabricar artículos desechables, a base de los árboles de las selvas. Las manifestaciones públicas y las campañas que animan a escribir cartas presionan a los bancos internacionales—los principales financiadores de proyectos industriales tropicales—a reformar sus normativas sobre préstamos. Sin embargo, algunos gobiernos, importadores de madera, y algunos bancos internacionales continúan apoyando proyectos que destruyen las selvas.

¿QUÉ PODEMOS HACER NOSOTROS?

A continuación se ofrecen algunas sugerencias sobre lo que nosotros podemos hacer para conservar las selvas y para reducir el impacto negativo sobre el medio ambiente. Nuestro estilo de vida y lo que compramos importa mucho.

HAZTE MIEMBRO DE ORGANIZACIONES DE CONSERVACIÓN Y APÓYALAS. Algunos de estos grupos trabajan a nivel mundial para proteger las selvas. A menudo tienen programas que sirven para impedir la destrucción de las selvas.

ESCRIBE CARTAS. Ejerce presión sobre los gobiernos influyentes, la gente, y los diversos organismos para que dejen de promover la destrucción de las selvas. Exhorta a los representantes de tu gobierno que apoyen leyes y ayuda económica extranjera que permita a los países tropicales a conservar sus selvas. Pide a estos oficiales que ejerzan presión sobre los bancos internacionales para que financien sólo aquellos proyectos que salvaguarden el medio ambiente natural.

COMPRA PRODUCTOS QUE VIENEN DE LAS SELVAS TROPICALES SIN DAÑARLAS. Probablemente se indica en el envase el hecho de que estos productos, tales como artículos de belleza y alimentos, apoyan la conservación de las selvas.

BOICOTEA LOS PRODUCTOS QUE DESTRUYEN LAS SELVAS. Por ejemplo, muchas especies valiosas de madera tropical se utilizan para fabricar muebles de patio. Aconseja a tus padres a que no compren muebles ni vajillas hechos de maderas duras de las selvas, tales como teca, palo de rosa, y caoba.

REDUCE, RECICLA, VUELVE A USAR, PÁSATE SIN ELLO. En los Estados Unidos se tiran diariamente 432.000 toneladas

(392.000 toneladas métricas) de basura. Al usar menos recursos, reducimos la necesitad de cosechar las selvas y otras comunidades naturales.

UTILIZA OTRO MEDIO DE TRANSPORTE EN VEZ DEL AUTOMÓVIL. Los gases de escape de los automóviles añaden más CO_2 a nuestra atmósfera, empeorando el efecto de invernadero. Los sistemas de transporte público—como el autobús, el metro, y el tren—son una buena alternativa al automóvil porque transportan a muchas personas al mismo tiempo. La bicicleta es el medio de transporte más limpio y económico.

PLANTA ÁRBOLES. Los árboles crecidos absorben parte del CO2 originado por la combustión del carbón, petróleo, y la quema de las selvas. Además, los árboles reducen la erosión. Estos son también refrescantes naturales, porque su sombra proporciona una manera de mantenerse frescos sin utilizar ventiladores ni aire acondicionado.

Al desbrozar las selvas, quitamos árboles que absorben parte del CO_2 existente en el mundo. Al plantar árboles—aunque no sea en las selvas—podemos ayudar a reducir el CO_2 en la atmósfera.

ORGANIZACIONES

CONSERVATION INTERNATIONAL
1015 18th Street NW, Suite 1000
Washington, D.C. 20036

CULTURAL SURVIVAL INC.
215 First Street
Cambridge, Massachusetts 02142

ENVIRONMENTAL DEFENSE FUND
257 Park Avenue South
New York, New York 10010

NATIONAL AUDUBON SOCIETY
700 Broadway
New York, New York 10003

THE NATURE CONSERVANCY
1815 North Lynn Street
Arlington, Virginia 22209

RAINFOREST ACTION NETWORK
450 Sansome, Suite 700
San Francisco, California 94111

RAINFOREST ALLIANCE
270 Lafayette Street, Suite 512
New York, New York 10012

**WORLD WILDLIFE FUND /
CONSERVATION FOUNDATION**
1250 24th Street NW
Washington, D.C. 20037

Reconocimientos fotográficos

Fotografías cortesía de: pág. 4, NASA; págs. 6, 8 (izquierda y derecha), 36, 43 (izquierda y derecha), 49, Steve Brosnahan; págs. 9, 22 (derecha), 41–42, Edward S. Ross; pág. 12 (arriba), R. Heinrich / FAO; págs. 12 (abajo), 16, 55, Pete Carmichael; págs. 13 (arriba), 17, 33, Inter-American Development Bank; pág. 13 (centro), Philippine Department of Tourism, Manila; pág. 13 (abajo), Jamaica Tourist Board; pág. 14, The Digit Foundation; pág. 15 (izquierda), Barry Hewlett; pág. 15 (derecha), UNICEF; pág. 18, Perry J. Reynolds; pág. 19 © 1991 David Julian / Rainforest Alliance; págs. 21, 22 (izquierda), James H. Carmichael; pág. 23, Dr. Russell A. Mittermeier / Conservation International; pág. 24, Richard O. Bierregaard; pág. 26 (arriba), Mike R. Rassier; pág. 26 (abajo), Sally Humphrey; pág. 27 (arriba), World Bank; pág. 27 (abajo), Ken Meter; pág. 28, Ivan Ussach / Rainforest Alliance; pág. 29, L. Taylor / FAO; págs. 30, 60, American Lutheran Church; pág. 32, Hugi Olafsson; págs. 34, 51 (derecha), 62, Leonard Soroka; págs. 35, 48, World Wildlife Fund; pág. 37, Gail Shumway; pág. 38, Miranda Smith Productions, Inc.; pág. 39, John Ryle / The Hutchison Library; pág. 40, E. Barriga; pág. 44, Independent Picture Service; pág. 45, Ch. Errath / FAO; pág. 46, Frans Lanting / Minden Pictures; pág. 51 (izquierda), The Hutchison Library; pág. 53, Wisconsin Department of Natural Resources; pág. 54, Mark Ludak / Impact Visuals; pág. 56, Robert Fox / Impact Visuals; pág. 57, Glenn Moody; pág. 58, Barry Nehr / USDA Forest Service; pág. 61, Ruth Karl. Mapas y ilustraciónes: págs. 10–11, 20, 31, Laura Westlund; 50, Bryan Liedahl.

Portada: Richard O. Bierregaard
Contraportada: (izquierda) L. Taylor / FAO; (derecha) Gail Shumway

agricultura de roza y quema: un plan agrícola mediante el cual los agricultores cortan, queman, y aran la tierra antes de sembrar los cultivos. Los cultivos sobreviven solamente unas pocas temporadas, y la tierra se abandona luego en busca de terrenos nuevos.

bosque nuboso: un bosque situado en una zona montañosa de los trópicos, donde hay mucha neblina.

bóveda: la cubierta alta de ramas con hojas formada por las cimas de los árboles.

Las llamas resplandecientes que abrasan una selva tropical de África Occidental iluminan el cielo nocturno.

boicot: una acción por parte de grupos o individuos que se niegan a comprar productos de determinada compañía como medio de expresar desaprobación por las normas seguidas por dicha compañía.

deforestación: la tala y quema de árboles a gran escala.

desarrollo sostenible: el uso de un recurso, tal como una selva tropical, para que produzca frutos continuamente sin dañar el equilibrio natural.

dióxido de carbono (CO_2): un gas que se encuentra naturalmente en el aire y que también lo produce la quema de árboles, los gases de los automóviles a gasolina en marcha, y la respiración.

dipterocarpo: un árbol muy alto del Asia Sud Oriental del que se deriva madera, aceites, y otros productos.

efecto de invernadero: el resultado producido cuando el calor del sol queda atrapado por gases en la atmósfera de la tierra, de la misma manera que el vidrio atrapa el calor en un invernáculo.

elemento nutritivo: sustancia alimenticia que utilizan las plantas y los animales.

epifita: una planta que crece sobre otra planta pero que obtiene su alimento del aire.

erosión: el desgaste o arrastre del suelo por el agua o el viento.

Las hormigas han establecido un hormiguero como su hábitat en las selvas de Nigeria, en África Occidental.

especie: una clase de ser viviente.

especie endémica: una planta o animal que sobrevive y se reproduce en un área específica reducida o en un hábitat poco común.

explotación forestal: describe la acción de cortar árboles a gran escala para obtener madera.

extinción: el ser desaparecido completamente.

fotosíntesis: el proceso químico mediante el cual las plantas verdes producen sus propios alimentos. El proceso incluye la reacción del CO_2, agua, elementos nutritivos, y la luz solar.

hábitat: un entorno natural que proporciona todo lo necesario para la vida de plantas y animales.

intercambio deuda por naturaleza: un acuerdo mediante el cual un grupo de conservación paga parte de la deuda de un país tropical a un banco internacional, y a cambio, el país tropical se compromete a financiar programas de conservación.

jungla: terreno poblado de árboles con vegetación densa en el suelo de la selva.

látex: una sustancia blanca, lechosa que se obtiene de diversos tipos de árboles tropicales y que puede elaborarse en productos como el caucho o el chicle.

leucemia linfática: un tipo de cáncer en que ciertos glóbulos blancos crecen de manera incontrolada y afectan negativamente el comportamiento de otras células de la sangre en el cuerpo humano.

liana: una planta trepadora que se enrosca alrededor de los árboles de las selvas.

pesticida: un producto químico utilizado para destruir insectos y otras pestes.

presa hidroeléctrica: una barrera que va de un lado a otro de un río y que convierte el poder del agua que fluye en energía eléctrica.

primate: un miembro del grupo de los mamíferos que incluye a los hombres, los monos, y los lémures.

reasentamiento: el proceso de trasladar personas a vivir a un nuevo lugar.

reserva de biosfera: una zona de conservación que tiene un núcleo de reserva interno rodeado de otras zonas que la gente puede utilizar.

reserva extractiva: una parcela de tierra protegida y de la cual los trabajadores pueden cosechar productos bajo una gestión cuidada.

selva estacional: un bosque en los trópicos con un período definido anual de sequía, que retarda el crecimiento de las plantas.

selva siempre verde de las tierras bajas: un bosque de los trópicos que tiene un porcentaje de lluvia muy elevado durante todo el año.

selva tropical: un bosque denso con una cantidad de lluvia anual muy elevada, al menos 80 pulgadas (203 centímetros), pero con frecuencia mucho más. Estos bosques contienen árboles siempre verdes muy altos y muchas otras plantas y una gran variedad de animales.

suelo vegetal: la capa de tierra superficial en la que crecen las plantas.

trópicos: la región caliente y húmeda que forma un cinturón alrededor del ecuador de la tierra.

turismo de naturaleza: un programa lucrativo que organiza visitas bien dirigidas a comunidades naturales frágiles, como las selvas.

variedad biológica: la condición que se da cuando una comunidad natural contiene muchas clases diferentes de seres vivientes.

Un árbol caído en una selva tropical en América del Sur muestra sus raíces cortas en forma de puntales.

ÍNDICE DE PALABRAS

Adopción de selvas tropicales, 52–53. *Ver también* Conservación de las selvas
África, 14–15, 28, 37, 44–45
África Occidental, 13, 31, 44, 60–61
Agricultura de roza y quema, 27–29, 34, 38, 40, 44–45, 49
Alimentos, 13, 17–18, 45, 50
América Central, 12–13, 18, 20, 32–33, 37, 52–53, 56
América del Norte, 18, 29
América del Sur, 7, 18, 24–25, 32–34, 35, 37–38, 40–41, 47, 55, 62
Animales, 5, 7, 9–10, 13–15, 17–18, 34–35, 40–41, 43, 45–48, 50–51
Asia, 8–9, 13, 15
Asia Sud Oriental, 8–9, 13–14, 28, 30–31, 37, 40–44
Aumento de la población, 42, 45
Aves, 9, 18, 20, 37, 41
Bancos internacionales, 38, 42, 47, 52–53, 56–57
Borbotón de barro, 23
Bóveda, 6–7, 12
Boicots, 54–57. *Ver también* Conservación de las selvas
Brasil, 13, 24–25, 32, 37–41, 47–49, 51, 56
Calentamiento global, 5, 21, 35
Cáncer, 18–19
Carne de res, 32, 56. *Ver también* Cría de ganado
Clima, 10–13, 20–21
CO_2. *Ver* Dióxido de carbono
Conservación de las selvas, 55–59
 adopción, 52–53
 boicots, 54–57
 esfuerzos de conservación, 39–40, 47–59
 campañas para escribir cartas, 55, 57
 presión pública, 55–58
 protestas, 39, 54–57
Costa Rica, 12, 17, 53
Cría de ganado, 32–33, 38, 45, 49
Cuenca del río Amazonas, 7, 14, 24–25, 31, 35, 37, 40

Deforestación, 25, 41–45, 47, 56
Desarrollo sostenible, 49
Dióxido de carbono (CO_2), 20–21, 23, 58
Dipterocarpo, 14
Deslizamiento de barro, 23
Destrucción de las selvas, 24–35, 37–45, 49, 56–57
Efecto de invernadero, 20–21, 58
Elementos nutritivos, 10, 21, 27, 33, 36–37, 50
Epifitas, 9, 11, 16–17
Erosión, 23, 35, 42, 58
Esfuerzos de conservación, 40, 47–59. *Ver también* Conservación de las selvas
 por bancos, 38, 47, 52–53, 56–57
 por gente, 38–39, 54–58
 por gobiernos, 40, 43, 48–50, 52, 55–57
Esfuerzos gubernamentales, 40, 48–50
Especias, 13, 17, 41
Especies, 7–8, 10, 12–15, 18, 35, 40, 43, 45–47, 51, 55
Especies en peligro de extinción, 35, 46–47, 55
Especies endémicas, 14–15, 45
Estados Unidos, 13, 20, 31–33, 39, 56–57
Europa, 7, 13, 31, 39, 44
Exportación, 28–29, 31, 43–44
Explotación forestal, 28–32, 38, 40–41, 43–45, 47, 49, 56
Extinción, 15, 35, 46–47
Fotosíntesis, 21–22
Fuentes de energía, 34
Gorilas. *Ver* Primates
Hábitats, 35, 46–47, 61
Importaciones, 13, 28, 30, 43–44
Indonesia, 9, 12, 30–31, 37, 40–43, 51, 56
Industrialización, 34, 38, 40, 56–57
Intercambio de deuda por naturaleza, 52–53
Inundaciones, 34–35, 42
Investigación, 47, 50–51
Islas del Caribe, 20, 37

Japón, 13, 28, 30, 43, 52-53, 57
Jungla, 12, 14
Latinoamérica, 37-40
Lianas, 8-9
Luz del sol, 7-8, 12, 21
Lluvia, 7, 13, 22-23
Madagascar, 14, 19, 23, 44-45, 47, 53
Madera tropical, 29-31, 41, 43-44, 57
Malasia, 15, 30, 40, 43
Manifestaciones. *Ver* Protestas
Mapas y gráficos, 10-11, 31, 50
Medicinas, 13, 18-19, 51
Mendes, Chico, 38-39
México, 29, 52
Minería, 34-35
Plantas, 5, 7-10, 12-15, 18, 21-23, 26, 32, 34-35, 40, 45, 48, 50-51
Plantación de árboles, 58. *Ver también* Conservación de las selvas
Pobreza, 45
Presas hidroeléctricas, 34-35
Primates, 9, 14, 45
Protestas, 39, 54-57. *Ver también* Conservación de las selvas
Productos de las selvas, 17-19, 29-31, 48-49, 51, 57
Protección de las selvas, 39-40, 47, 51-52, 58
Pueblos de las selvas, 15, 18-19, 26, 34-35, 38-41, 47-48, 50-51
Quema, 24-29, 32, 45. *Ver también* Agricultura de roza y quema
Reasentamiento, 41-42
Recolección de caucho, 38-39, 48-49
Reservas de biosfera, 50
Reservas extractivas, 39, 48
Riesgos para el medio ambiente, 21, 34-35, 58
Ritmo de destrucción, 25, 28, 40, 43-44
Selvas siempre verdes de las tierras bajas, 10, 12

Selvas tropicales, 7-15, 17-23, 24-35, 37-45, 47-53, 55-59
cómo salvar, 55-59
definición y descripción de, 7-15
deforestación y destrucción de, 24-35
esfuerzos de conservación, 38-40, 47-59
mundiales, 37-45
riquezas de, 17-23
Selvas tropicales estacionales, 11
Suelo vegetal, 22, 32, 35, 37
Tierra de cultivo, 5, 10, 25-28, 42, 45, 50
Trópicos, 7, 18, 25
Turismo de naturaleza, 50, 52
Variedad biológica, 18, 35, 41
Zaire, 37, 44